Thomas Piketty
CAPITAL
IN THE TWENTY FIRST CENTURY

皮凯蒂与21世纪
资本论

| 趣味漫画插图版 |

【日】安部彻也 ◎著　李异鸣 ◎译

北方文艺出版社

图书在版编目（CIP）数据

皮凯蒂与21世纪资本论 /（日）安部彻也著；李异鸣译. -- 哈尔滨：北方文艺出版社，2017.3（2018.7重印）

ISBN 978-7-5317-3740-7

Ⅰ.①皮… Ⅱ.①安…②李… Ⅲ.①资本主义经济-研究 Ⅳ.①F03

中国版本图书馆 CIP 数据核字（2016）第 317979 号

皮凯蒂与21世纪资本论
PIKAIDI YU 21 SHIJI ZIBENLUN

作 者 /【日】安部彻也　　　　译 者 / 李异鸣

责任编辑 / 王金秋

出版发行 / 北方文艺出版社　　网 址 / www.bfwy.com
邮 编 / 150080　　　　　　　　经 销 / 新华书店
地 址 / 黑龙江现代文化艺术产业园 D 栋 526 室

印 刷 / 北京京丰印刷厂　　　　开 本 / 787×1092　1/32
字 数 / 180 千　　　　　　　　印 张 / 5.5
版 次 / 2017 年 3 月第 1 版　　　印 次 / 2018 年 7 月第 2 次印刷

书 号 / ISBN 978-7-5317-3740-7　定 价 / 46.00 元

写在前面

街头巷尾掀起了一股"皮凯蒂潮"。一些主要商业杂志纷纷编写皮凯蒂特辑,通过采访一些知名经济学家,来解析皮凯蒂所著《21世纪资本论》(日译本名称:"21世纪の资本论",MISUZU书房出版,山形浩生、守冈樱、森本正史译)是如何影响当今社会的。

我本人也阅读了这些商业杂志的特辑报道,对皮凯蒂教授有了一定了解。然而,他提出,为了消除世界贫富差距,需要在世界范围内开展税制改革,这是极其关键的环节。对此,我有些怀疑。因为14年来,作为毕生的事业,我一直致力于解决商务人士的贫富差距问题,并一直坚信解决措施在于推进工商教育。

因此,我并没有浅尝辄止,并非囫囵吞枣地接受报道的观点,而是决定找来原著,确认皮凯蒂的真实用意。

全书共700页,实属鸿篇巨制,需要花费很大的精力才能阅读完。不过,阅读完全部内容之后,我便进入了一个商业杂志中未能详尽描述的"真正的世界"。

在书中,皮凯蒂本人不仅主张通过改革税制来解决贫富差距问题,而且通过详实的数据验证了贫富差距问题的变迁,阐明了产生贫富差距的机制，并客观地预测了今后的世界形势。同时，他看清了贫富问题差距的本质，指出为减少贫富差距，对教育与技术学习进行投资将是唯一的解决方案。

我们应该认识到自己的知识水平存在的不足，并且贪婪地学习知识，这十分重要。否则，人生在世很容易受人利用，甚至受到剥削，更有甚者可能会失去一切。虽然即使不了解皮凯蒂验证的"r>g"这一事实，也能安然无恙地正常生活，但是，这样一来，自己呕心沥血赚来的血汗钱很容易被资本家榨取。

通过贷款购置房屋正是一例。g代表工资的涨幅，实际上增长率十分有限，然而银行贷款利率r却时常高于g，最终形成了这样一种机制：劳动者要为资本家赚取利润，为此他们必须长时间工作。

如果您今后不想为贫富差距产生的机制以及未来的贫富差距问题苦恼，推荐您亲自了解皮凯蒂的观点。如果觉得原著难度较大，也可以选择像本书一样地解读书籍。

如同皮凯蒂所说，贫富差距这一问题不会自然消除。因此，我们决不能漠视贫富差距问题的存在，应该正视这一问题，积极采取解决措施。本书希望更多的人能够对这一现实问题有所认识。

那么，让我们一同走进皮凯蒂眼中的"贫富差距本质"吧。

安部彻也

2015年5月

*本书中将原著书名统一为《21世纪资本论》

目　录

第1章　皮凯蒂与《21世纪资本论》　001

第2章　读懂《21世纪资本论》的前提知识储备　027
　　PART 1　资本与劳动的分配问题　044
　　PART 2　经济增长　056

第3章　资本重要性在世界范围内的变迁　065
　　PART 1　21世纪资本与收入之比　078
　　PART 2　21世纪资本与劳动的分配　087

第4章　贫富差距的构造与机制　099
　　PART 1　劳动差距　113
　　PART 2　资本差距　120
　　PART 3　两个世界　126

第5章　解决贫富差距的宏观方法　133

第6章　读完皮凯蒂教授的《21世纪资本论》，我们能做些什么？　149

*本书漫画纯属虚构，其中出场人物、团体名称并非真实存在。

第1章
皮凯蒂与《21世纪资本论》

皮凯蒂在《21世纪资本论》中对贫富差距问题进行了论述，一石激起千层浪。让我们走近《21世纪资本论》的精髓吧。

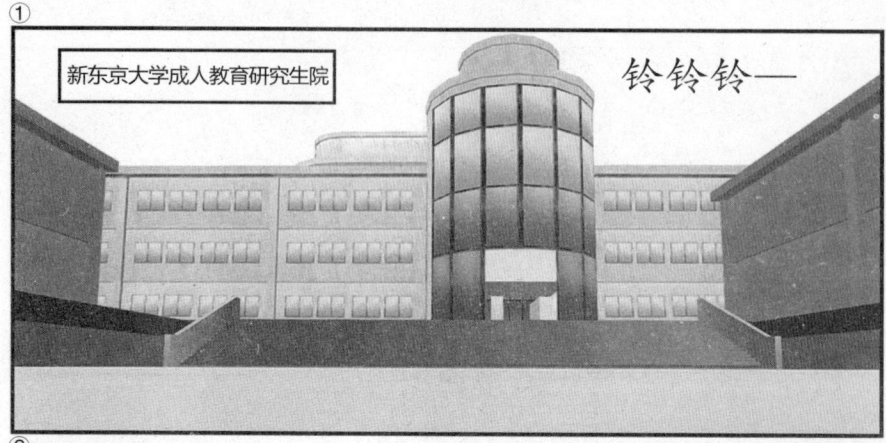

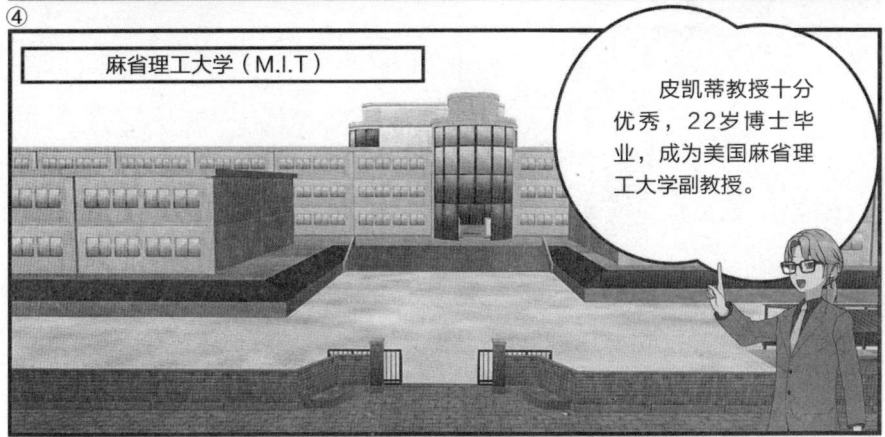

①

②

③

第1章　皮凯蒂与《21世纪资本论》

皮凯蒂是何方神圣？

皮凯蒂是一名经济学家，他对贫富差距问题有着十分深入的研究。

皮凯蒂的全名是托马斯·皮凯蒂（Thomas Piketty）。1971年5月7日，他出生于法国巴黎郊外的克里奇地区。皮凯蒂自学生时代起就优秀出众，22岁时发表博士论文《财富分配理论再思考》，同时拿到法国社会科学高等研究院（EHESS）和伦敦经济学院（LSE）的双博士学位。他的成果得到认可，被聘为美国麻省理工大学副教授。

然而，在美国的研究并未能够满足皮凯蒂追求知识的好奇心。在美国，主流的经济学缺乏实践性，主要通过数学及纯理论导出答案，对正在发生的社会现象没有借鉴意义。皮凯蒂对其在美国的经济学研究感到失望，25岁重返巴黎，开始潜心研究自己深信不疑的经济学领域。

这就是20世纪库兹涅茨以来再也无人触及过的领域——基于贫富差距相关历史数据的考察以及使用经济学解决贫富差距问题。

皮凯蒂基于极其大量的数据进行研究，这在经济学家当中可以说是前所未有的。

　　同时，皮凯蒂借助许多人的帮助，历经15年收集了众多显示财富与收入历史性变化的数据。他将这些数据进行分析汇总，撰写了《21世纪资本论》。2013年，该书首先在法国出版。2014年，在美国一经发售，仅仅半年间销量就超过50万册，荣登最畅销书籍宝座，而皮凯蒂本人也成为最受人瞩目的经济学家之一。

第1章 皮凯蒂与《21世纪资本论》

《21世纪资本论》是什么？

验证"富人更加富裕"的著作

简单来说，皮凯蒂在其经济学巨著《21世纪资本论》中通过大量数据对贫富差距问题进行验证，提出了世界范围内的解决措施。皮凯蒂收集的数据涵盖了五个大洲各个国家数百年来关于资产及收入的历史数据，阐明了财富及收入分配的情况。同时，皮凯蒂针对很多国家中出现的贫富差距这一社会问题，提议各国合作一同采取解决措施。

通过多年的研究，皮凯蒂得出两大主要结论。一是财富分配不是对经济机制的反映，它常常是对政治决策的反映。历经两次世界大战，发达国家中的贫富差距在逐渐缩小，然而与其说是经济机制自我调节的结果，不如归功于政府政策。

同时，在1980年以后贫富差距反而呈扩大趋势，这也是政府政策带来的结果。皮凯蒂在《21世纪资本论》中指出，贫富差距不仅仅是经济现象，同时体现了社会及政治主导力量对比。

另一个结论是：一些能够缩小或扩大贫富差距的强力机制在发

挥作用。首先，可以说缩小贫富差距的主要机制就是"普及知识以及对培训和技能进行投资"。无论是国家还是个人，如果拥有较高的知识水平或掌握较高的技能，就可以提高生产效率，从而能力获得一定的提升。如果能够提高能力，就可以相应地缩小贫富差距。

与此同时，通过分析多年的数据可以看出，还存在一个使贫富差距不断扩大的机制，而它的作用要远远大于缩小贫富差距的机制。这就是 $r>g$ 这项不等式。在这里，r 表示从财富中获取利润时的收益率（例如投资股票等获得的利润），g 表示的是收入增长率（例如公司薪酬的年增长率）。从皮凯蒂的研究中我们可以明显看出，在历史上从财富中获益的收益率恒常高于收入增长率。根据这一事实，我们可以得出，财富拥有者越来越富有，他们与穷人之间的差距呈不断扩大趋势。

更为重要的是，没有一种机制能使贫富差距扩大现象自然消失。

皮凯蒂主张，为了防止贫富差距扩大，政府应该人为干预，探讨将财富从富人向穷人再分配的政策。例如，可以通过对世界范围内的资本实行累进税制、征收所得税及继承税等措施来调节贫富差距。

诸如此类，皮凯蒂在《21世纪资本论》中论述了贫富差距的历史、贫富差距的机制，并提出了缩小贫富差距的政治方案。

差距是如何产生的？
——李嘉图、马克思的悲观理论

皮凯蒂认为，导致贫富差距扩大的机制十分强劲有力，自然消除贫富差距是十分困难的。同样，此前也曾有很多经济学家研究过贫富差距问题。

关于贫富差距问题论调最悲观的当属李嘉图和马克思。

李嘉图是一位活跃在18世纪中期至19世纪中期的经济学家，他关注大地主的土地价格与小农缴纳地租的关系，对贫富差距展开了相关研究。李嘉图的研究表明，随着人口及经济的稳定增长，土地相对短缺，地价会因土地稀缺性凸显开始上涨。地价上涨后，小农需向地主缴纳的地租也相应增长。对此，李嘉图指出，这一现象导致的结果是土地拥有者将越来越富裕，没有土地的人会因缴纳连年增长的地租愈加贫穷。因此，他主张为防止贫富差距扩大，应当上调地租税。

此外，马克思同样对贫富差距持悲观论调。

在马克思生活的年代（1818年—1883年），由于产业革命的兴起，经济中心从农业向工业转变。当时的社会问题在于资本家对劳动人民的剥削，劳动者不得不长时间劳动，却只能获得微薄的工资。

关于资本家与劳动人民的贫富差距，马克思的观点认为资本家通过榨取利润越来越富有，而劳动人民却一味被剥削，导致贫富差距无限扩大。他指出，在农业时代，农业土地是有限的，而在工业时代，工厂等一系列资本是无限的，资本家能够无限获取财富，最终导致财富集中在少数资本家手中。

不过，幸好李嘉图及马克思对于贫富差距现象的悲观论调并未实现。皮凯蒂认为，他们的错误之处在于构建理论时没有依据统计数据。根据李嘉图的理论，伴随人口增长及经济稳定增长，确实出现了地租长期持续增长的局面，然而随着工业化进程推进，从事农业的人口不断减少，农业用地价格下降，财富并未集中在大地主手里。同时，随着19世纪后半叶劳动者工资开始增长，马克思具有毁灭性的预测——"贫富差距会极端扩大，劳动人民将发起革命，资本家将会灭亡"并没有出现。马克思本人也没有想到，随着技术不断进步，生产效率稳步提高，劳动者的待遇也得到了改善。

关于李嘉图与马克思对贫富差距的悲观预测，皮凯蒂表示否定。他认为，这些理论虽然在研究方法等方面有值得肯定的部分，但是这种理论是无意义的。

第1章 皮凯蒂与《21世纪资本论》

贫富差距是如何产生的？
——库兹涅茨曲线

进入20世纪，贫富差距理论以库兹涅茨曲线为主。库兹涅茨提出，在工业化初期阶段，虽然资本所有者十分有限，贫富差距会逐渐扩大，但是随着社会发展，社会财富将惠及劳动者，贫富差距会自然缩小。李嘉图与马克思的经济学理论较为悲观，他们认为在资本主义社会中，财富会向富裕阶层聚敛，导致贫富差距进一步扩大；相反，库兹涅茨的理论较为乐观，他认为，即使是非富裕阶层，只要经受一定时期的考验，随着社会发展、经济增长，其工资将会提高，贫富差距也会保持在一个可容许范围内。

库兹涅茨曲线的创新之处在于，它不同于以往悲观的经济学家缺乏数据支撑的理论，而是通过分析1913年至1948年这35年间美国国民收入的数据，基于数据建立了理论。

随着研究的深入，库兹涅茨发现，在1913年的美国，收入最高的10%人口占有全民总收入的45%~50%；然而到1940年，这一比例下降至30%~35%。库兹涅茨根据上述事实得出结论，认为随着经济增长贫富差距将自然缩小，这一理论随后得到了世人的支持。

然而，皮凯蒂指出，库兹涅茨这一较为乐观的理论，仅以美国一国35年间的数据为依据，就推导出贫富差距将自然消除这一结论，其中存在着谬误。

其实，库兹涅茨本人也认为，在他研究的时期里，贫富差距出现缩小是偶然的产物，不应作为一般性结论推广。究其原因，1913年至1948年，美国经历了大萧条时期、第二次世界大战等，这些事件对经济及社会的发展产生了巨大的影响，贫富差距绝不是自行缩小的。

换言之，实际上库兹涅茨本人也认识到，没有一种机制能够使贫富差距自然消除。

第2章
读懂《21世纪资本论》的前提知识储备

想要读懂《21世纪资本论》，我们先来学一些基本的经济学知识吧。

PART 1　资本与劳动的分配问题

在任何社会里，资本和劳动在分配中的地位差异都会带来贫富差距。

想要理解收入差距问题，就必须先明白都有哪些类型的收入。

皮凯蒂在《21世纪资本论》中将收入分为两类。一类是依靠劳动力要素获得的收入，另一类是依靠资本要素获得的收入。

例如，假设资本家投入资金建立公司，进行设备投资、雇佣员工，开展商业活动。在开展商业活动中利用原材料生产汽车及电脑等产品，企业由此获得附加值，减去向劳动者支付的报酬之后，剩下的利润归资本家所有。

虽然资本要素获得的收入与劳动力要素获得的收入在任何社会中都会带来贫富差距问题，然而通过皮凯蒂的调查，我们可以清晰地看到，这种分配从长期来看是非常不稳定的。

特别是在20世纪，由于受到经济大萧条及两次世界大战影响，到了20世纪50年代，资本要素获得收入的比例，即资本收入份额降至史上最低。但是到1980年之后，在英国撒切尔夫人以及美国总统里根等强势政治领袖的政策下，受政治目的影响，资本收入份额再次上涨。

可以说，分析两种收入份额的变化，即"某年度产生的财富是在劳动者和资本家中如何分配的"，是有效把握贫富差距发展趋势的一种方法。

什么是收入？
——劳动及投资收入

那么，为了深入分析资本与劳动分配份额，我们首先仔细了解一下关于收入的概念吧。

上文提到，所谓收入，就是指劳动及投资所得。例如，在公司工作获得的报酬就是劳动收入，向企业投资获得的分红就是资本收入。一个国家全体国民收入就是指该国所有劳动收入与资本收入之和（图2-1）。

国民收入这一概念与我们经常在新闻里听到的GDP（国内生产总值）有着十分密切的关系，在数值上基本等同。

GDP是一个国家在一定时期内国内生产的所有财富及服务附加值之和。接下来我们通过一个十分简单的事例来了解GDP的概念。假设某国一年内生产了1000辆单价为100万日元的汽车，那么该国的生产总值即GDP就等于100万日元×1000（辆）=1亿日元。在这一年中创造的1亿日元利润，一部分用于支付劳动者工资，一部分用于支付资本家红利，还有一部分将用于对事业的下一轮投资。

但是，并不是所有的财富都用于收入分配。生产汽车需要工厂

第2章 读懂《21世纪资本论》的前提知识储备

图2-1 什么是国民收入

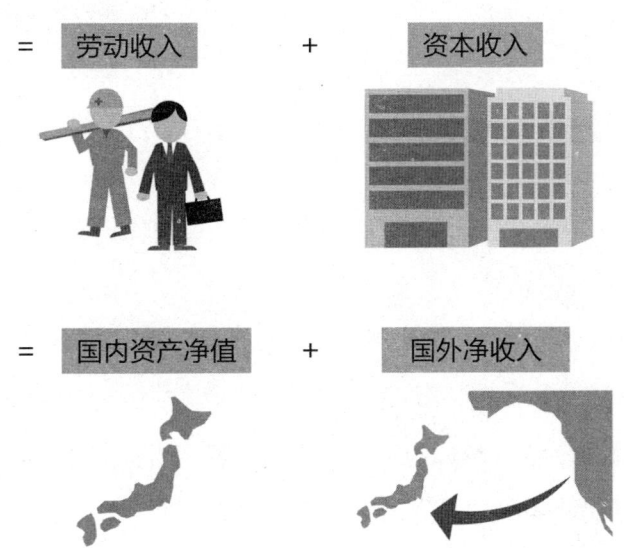

和机器等设备,最初投资设备需要花费巨额资金,不过相应的,设备可以在10年、20年内长期使用。因此,投资资金不应该计入当年的经费,应该每年从生产总值中减去一定的比例,这叫作"折旧费用",相当于GDP的一成左右。

换言之,减去折旧费用之后得到的生产净值就是"NDP(国内净资产)",一般相当于GDP的九成左右。

NDP加上国外净收入得到的就是国民收入。例如,假设汽车借助外国资本生产,每年需要向国外资本家支付2000万日元的红利,由于有国内资金流向国外,因此国民收入可按照以下方法计算:

1亿日元(GDP)×0.9-2000万日元=7000万日元

反之,如果该国对外国进行较大数额的投资,每年有2000万日元的资金流入本国,那么国民收入为1亿日元×0.9+2000万日元=1亿1000万日元,高于国内产值。

第2章 读懂《21世纪资本论》的前提知识储备

什么是资本？
——全国的所有资产，不仅限于富裕人群

那么接下来我们来了解一下资本的概念。受"资本家"这个词的影响，大家可能有一种印象，觉得"资本"仅仅是少数人所拥有的，但其实"资本"涵盖了一国政府和国民拥有的全部资产。

具体来说，有下面两类资产：

1.个人自用的土地与住宅等"非金融资产"；

2.银行存款及股票等"金融资产"。

同时，如果为了获得这两类资产进行了借贷，那么减去负债部分得到的就是净资产。

例如，假设一国的土地及住宅等非金融资产是1亿日元，银行存款及股票等金融资产为1亿日元，为获取这些资产借贷了1亿日元，那么该国资本为1亿日元+1亿日元-1亿日元=1亿日元。

资本也叫作财富或财产，关于资本有这样一个公式：国家财富（国民资本）=民间财产+公共资产。

但是，特别要说明的是，现在几乎所有的发达国家公共资产占比不大，因此基本可以认为国家财富等同于民间财产。

此外，一个国家的资本即国家财富，是国内资本与外国净资本相加所得。国内资本是一国国民持有的房地产及金融等资产价值，外国净资本是一国国民持有的海外资产减去外国人在该国持有的资产。

例如，如果国内资本是10亿日元，该国国民持有的国外资产是2亿日元，外国人在该国持有的资产为1亿日元，那么国家财富为10亿日元+2亿日元-1亿日元=11亿日元。

第2章　读懂《21世纪资本论》的前提知识储备

计算资本与收入之比
——衡量资本与收入的重要程度

此前，我们对收入和资本进行了定义。

收入是指一定期间内，例如每月、每年到手的报酬，就好像从水道中流出的水。如果拧动水龙头，水就会从水管中流出。同样，工作单位会定期支付工资或者通过投资会定期获得一定收益。

与之相对，股票或房地产等资本，是从过去积累至今的财产，被称为存量。如果同样用流水来比喻，就像从水道的流水中除去生活必备的水量后，蓄在蓄水池中的水。

通过比较自来水和蓄水池中的水，我们可以把握哪一部分的水更加重要（图2-2）。如果自来水水量丰富，而蓄水池里的水很少，那么从水道中流出的自来水就很重要。反之，如果水道中流出的自来水接近枯竭，而蓄水池中的水满溢，那么蓄水池中的水更加重要。

同理，收入与资本的相对情况，也会使两者重要性发生很大变化。衡量收入与资本的重要性，可以用资本与收入之比表示。资本与收入之比是由一国资本（存量）除以年度国民收入（流量）得到的。通过计算，能够了解一国过去积累的资本相当于多少年的国民

图2-2　流量和存量重要性的变化

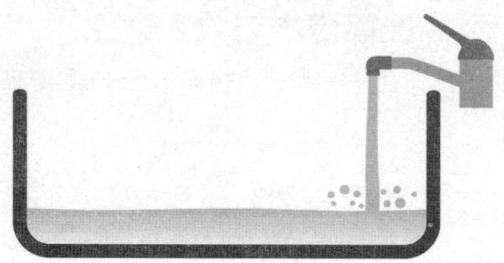

流水（流量）较多，蓄水（存量）
较少时，流量较为重要

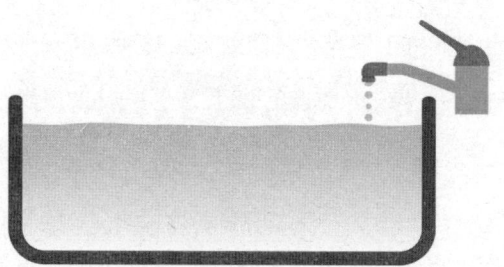

流水（流量）较少，蓄水（存量）
较多时，存量较为重要

※流量可以替换为收入，存量可以替换为资本。

第2章 读懂《21世纪资本论》的前提知识储备

收入，最终能够得出资本与收入两者哪个更为重要。

资本与收入之比用 β 表示，不过 β 在各国间差异很大。比如，通过计算可以得出，日本和意大利的 β 值大于6，说明国家资产大于6年的国民收入总额。相比之下，美国及德国的 β 小于5，说明国家财富不到5年的国民收入总额。这样通过计算各国资本与收入之比，可以衡量该国资本及收入的重要程度。

什么是"资本主义第一基本定律"

如果能够算出β(资本相当于几年的国民收入),就能够通过简单的计算得出资本收入份额的情况。

这叫作"资本主义第一基本定律"。之前已经讲过,国民收入由劳动收入与资本收入相加得出,通过资本主义第一基本定律就可以把握国民收入中的劳动收入份额与资本收入份额。

资本主义第一基本定律用 α=r×β 表示。

此处,α表示的是国民收入中资本收入份额,r表示的是资本回报率。资本回报率是用百分比来表示利润与资本之比。比如,假设投资1亿日元,每年收益是5000万日元,那么资本回报率为5%;β表示的是资本与收入之比。

不同的国家、企业、个人,根据资本主义第一定律导出的数值会有所不同。例如,假设一国资本回报率为5%,资本为年收入的6

第2章 读懂《21世纪资本论》的前提知识储备

倍,那么资本收入在国民收入中的份额为5%×6=30%。同理,如果一国资本回报率为10%,资本相当于年收入的2倍,那么该国资本收入份额为20%。

PART 2　经济增长

将经济增长分为两部分考虑

在分析贫富差距时,经济增长也是一个十分重要的角度。

在考虑经济增长时,需要分为两部分。一个是人口增长部分,另一个是人均产值增加部分。

例如,假设一国年度经济增长率是10%,该国人口增长率为5%,那么人均产值部分仅增长了5%。

皮凯蒂分析了2000多年来世界经济增长的情况(下页图2-3)。数据显示,自公元元年到1700年,世界年度经济增长率仅为0.1%,这说明世界经济的增速十分缓慢。不过,由于这0.1%源于人口增长,可以看出人均产值增长率在很长时间内持续零增长。

进入18世纪,工业革命兴起,人均产值增长率终于开始出现上升的迹象。然而,从1700年至1820年之间,世界经济增长率平均高达0.5%,其中人口增长率占0.4%,人均产值增长率仅为0.1%。

然而,进入20世纪后,世界迎来了经济大发展时期。从1913年至2012年的100年间,年平均经济增长率为3%,其中人口增长率为

图2-3 工业革命以来的世界经济增长情况（年平均增长率）

年份	世界生产增长率（%）	世界人口增长率（%）	人均产值增长率（%）
0—1700	0.1	0.1	0.0
1700—2012	1.6	0.8	0.8
1700—1820	0.5	0.4	0.1
1820—1913	1.5	0.6	0.9
1913—2012	3.0	1.4	1.6

出处：http://piketty.pse.ens.fr/capital21c

1.4%，人均产值增长率创下了1.6%的纪录。

看到这些数据，可能有的读者会觉得世界经济增长率非常低，然而事实上，世界经济在很长一段时期几乎没有增长，即使是近些年经济发展十分迅速的时期，也只是停留在3%左右。

按照"累积效应"，微小增长也能转化为大幅提升

不过，即使增长率很低，如果积少成多也能带来巨大成果。这叫作"累积效应"。例如，1700年至2012年世界经济年平均增长率仅为0.8%。

然而，确认具体数据之后，我们可以感受到累积效应带来的巨大影响。具体来说，1700年世界人口为6亿；而到了2012年，世界人口已超过70亿，其间的增长超过了10倍。如果世界人口今后仍然以0.8%的速度增长，从数字来看，可以预测到2300年，世界人口将超过700亿人，实在是令人震撼。

如果我们用数字来计算一下累积效应带来的效果，不难发现，即使每年以0.1%的增长率增长，如果持续30年，那么将增加3%；如果持续100年，将增长11%。进一步来讲，如果持续1000年，最终将增加至3倍左右。这一较高的经济增长率令人感到十分震惊。

例如，如果每年以2%的增长率持续增长30年，那么增长率将涨至81%；如果持续增长100年，将增至7倍左右；如果持续增长1000年，将增至4亿倍。

我们应当看到，由于累积效应的存在，今后如果世界经济保持低速稳步发展，即使当时的发展程度有限，然而长此以往将会给我们的生活带来重大影响。

第2章 读懂《21世纪资本论》的前提知识储备

人口将如何增长？

既然世界人口增长率今后会给经济增长带来如此大的影响，接下来我们关注一下对世界人口增长率的预测吧（下页图2-4）。世界人口在很长一段时间内保持零增长，但是进入20世纪后，人类迎来了一个人口迅猛发展的时期，增长率超过1%。特别是1950年—1970年，人口呈爆炸式增长，增长率超过1.99%。不过，随着世界各国纷纷采取人口限制政策，例如1979年中国开始实行计划生育政策。这样一来，人口急速增长时期也告一段落。

从图表中能够看到，进入21世纪后，人口增长率渐趋稳定。根据联合国相关预测，今后人口增长率将会急剧下降，再次低于1%，人口增长率将长期持续低速增长。

例如，假设今后300年间人口增长率保持0.8%，由于存在累积效应，300年后的人口将增长为现在的10倍以上，即高达700亿。如果结合目前地球环境的情况，会发现700亿人共同生活在地球上是极其不现实的。相比较而言，认为在今后相当长的一段时间内，人口将以0.1%~0.2%左右的增长率增长更加符合现实。

图2-4 世界人口增长率

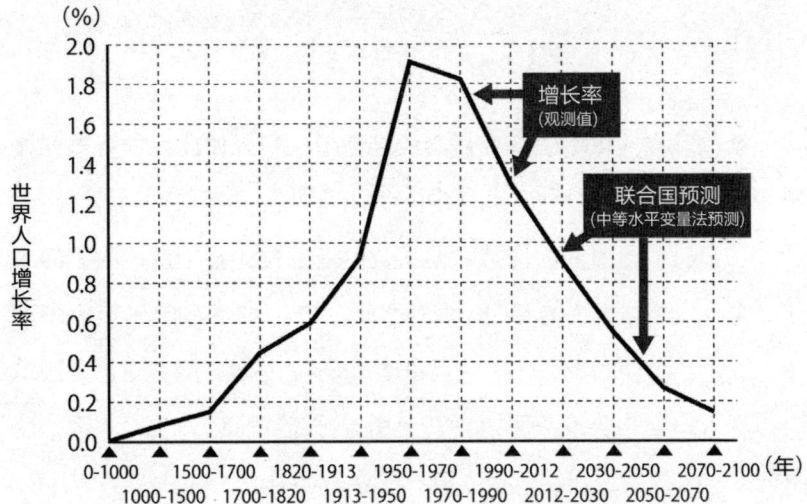

出处：http://piketty.pse.ens.fr/capital21c

第2章 读懂《21世纪资本论》的前提知识储备

人均产值将如何变化?
——预计未来增长率将急速下降

从1700年—2012年间,人均产值与人口增长率相似,年平均增长率仅为0.8%(下页图2-5)。增长率虽然看上去很低,然而由于累积效应的影响,实际上在这300年间人均产值增长率出现了10倍的增长。如果参照过去的情况,结合累积效应的影响,虽然无法预测将来的创新发展将会给经济带来怎样的影响,但是很难想象在今后很长一段时间内经济增长率能够保持在3%~4%。因为即使年经济增长率仅为3.5%,如果持续100年,那么100年后将增长至目前的30倍以上。

此外,皮凯蒂的研究表明,无论一国技术多么发达,历史上也从未出现一国人均年产值增长率长期超过1.5%的现象。根据经济学家罗伯特·哥顿的预测,人均产值增长率在发达国家中的增速放缓,预计2050年—2100年,增长率将低至0.5%以下。

不过,前文中也反复提到过,即使增长率稳定在较低水平,从长期来看,由于累积效应的影响,仍会给社会带来较大影响,这是毋庸置疑的事实。

图2-5 世界产值增长率

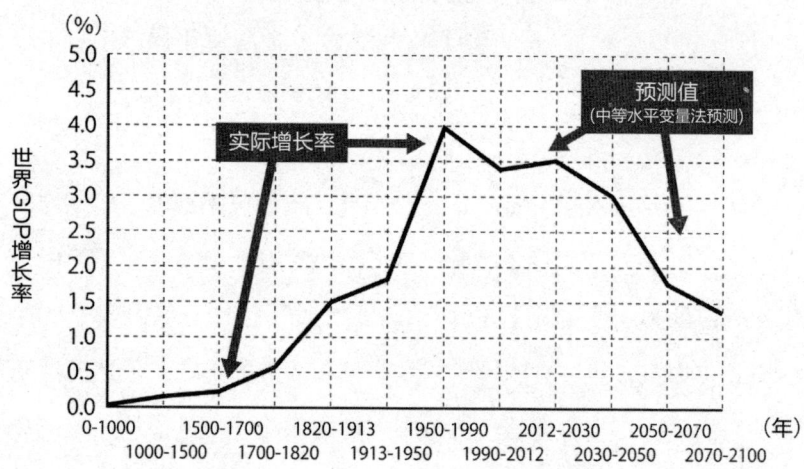

http://piketty.pse.ens.fr/capital21c

历史上也从未出现一国人均年产值增长率长期超过1.5%的现象。根据经济学家罗伯特·哥顿的预测,人均产值增长率在发达国家中的增速放缓,预计2050年—2100年,增长率将低至0.5%以下。

不过,前文中也反复提到过,即使增长率稳定在较低水平,从长期来看,由于累积效应的影响,仍会给社会带来较大影响,这是毋庸置疑的事实。

通货膨胀对经济增长带来的影响
——分别思考名义经济增长率与实际经济增长率

在考虑经济增长时，不能忽视通货膨胀的因素。简单来说，通货膨胀（Inflation）指的是物价上涨现象。例如，以前用100日元可以买到的东西，现在涨到了102日元，那么通胀率就是2%。换句话说，通货膨胀指的是持有财富贬值的现象。

此前提到的经济增长率未将通货膨胀率考虑在内，是实际经济增长率。如果将实际经济增长率与通胀率相加，得到的叫作名义经济增长率。

例如，假设一国生产了100辆价值100万日元的汽车，那么该国年产值为100万日元×100（辆）=1亿日元。

如果第二年出现了通货膨胀现象，汽车价格上涨到102万日元，假设汽车生产数量不变，仍然保持100辆，那么年产值将增加至102万日元×100（辆）=1200万日元。但是，如果关注实际情况，会发现汽车产量100辆并未发生变化，经济增长主要是受到通货膨胀影响，即汽车价格从100万日元涨到102万日元。

因此，如果计算实际经济增长率，需要从名义经济增长率中减去2%的通胀率，得到的才是实际经济增长率。

由此可以看出，在分析经济增长率时，绝对不能忽视通货膨胀的影响。

第3章
资本重要性在世界范围内的变迁

通过回顾收入不平等现象的历史，让我们一起思考资本在21世纪的重要性吧。

①

②

③

①

②

③

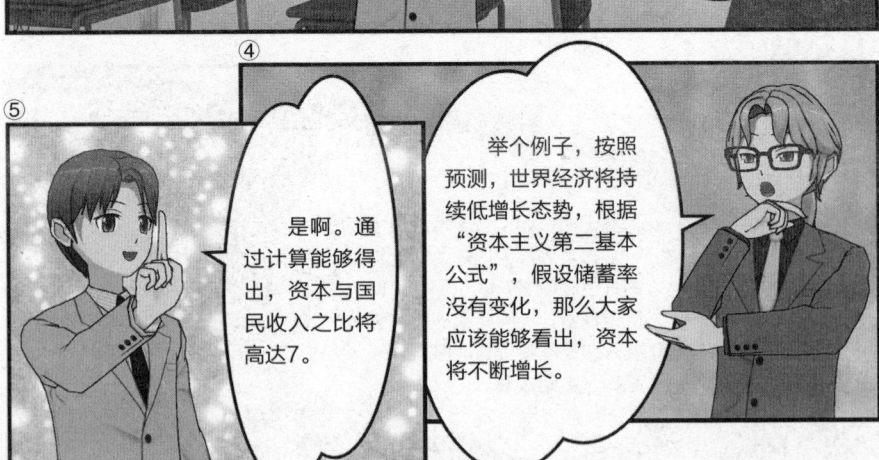

PART 1　21世纪资本与收入之比

关于各国资本与国民收入之比的变迁与差异

在上一章提到,通过求出资本与国民收入之比(一国资本相当于收入的倍数),能够了解该国资本或收入的重要性。在本章中,我们将应用已经学过的知识,实际分析美国及欧洲各国资本与国民收入之比的变迁,验证其重要性的变化轨迹。

如果我们按国别来看1870年以后的资本与国民收入之比会发现,在1870年至1920年之间,美国资本与国民收入之比处于400%~500%之间,然而在20世纪30年代,这一比例突破500%。不过,随后这一比例开始急剧下降,从1940年至1970年,一直处于300%~400%;在1980年之后再次突破400%,到2000年达到将近500%,而在2012年回落至400%左右(图3-1)。

另一方面,欧洲各国的情况则完全不同(图3-2)。在1870年至1910年之间,德国、法国、英国的资本与国民收入之比均为700%,比例颇高,然而在1910年跌至300%。此后,1930年暂时回升至400%,然后再次下降,从1940年至1950年,比例一直持续低

第3章 资本重要性在世界范围内的变迁

图3-1 美国国民资本 1870—2010年

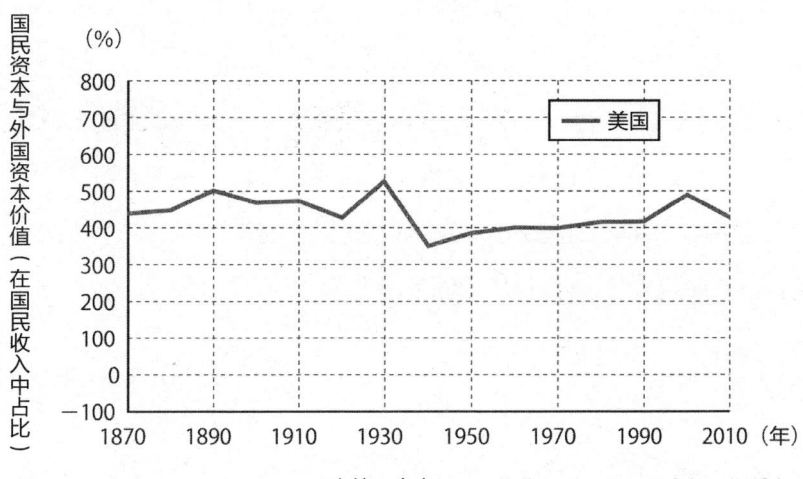

出处：参考http：//piketty.pse.ens.fr/capital21c

图3-2 欧洲各国国民资本 1870年—2010年

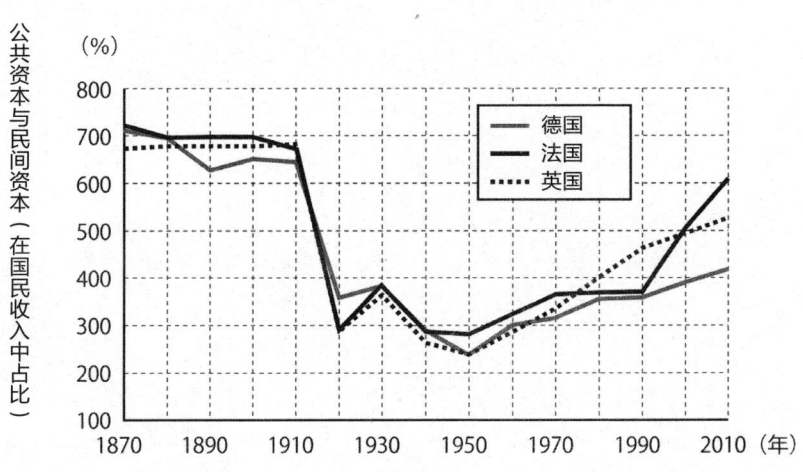

出处：参考 http：//piketty.pse.ens.fr/capital21c

于300%。

1960年开始出现上升趋势，2010年各国资本与国民收入之比开始恢复到400%~600%的范围中。

这两个地区的资本与所得之比存在着巨大差异，如实地记录着在1914年至1945年之间的两次世界大战中，欧洲作为主战场受到了巨大影响。然而，通过皮凯蒂的研究成果我们可以看出，即使排除这一特殊因素，与美国相比欧洲各国资本与所得之比仍然较高。

资本主义第二基本公式

那么，为什么不同国家当中资本与国民收入之比会出现如此大的差异呢？我们可以用"资本主义第二基本公式"来说明这个现象。

在资本主义第二基本公式中，资本与收入之比为 β，储蓄率为 s，经济增长率为 g，那么我们可以得出一个简单的公式：

$$\beta = s/g$$

这表明，一个国家资本与国民收入之比等于储蓄率除以经济增长率。例如，如果一国储蓄率为14%，经济增长率为2%，那么我们可以得出，该国长期的资本与国民收入之比就是700%（资本为国民收入的7倍）。如果另一个国家的储蓄率为8%，经济增长率为4%，那么资本与收入之比为200%（资本为收入的2倍）。

通过资本主义第二基本公式我们可以看出，从长期考虑，在储蓄率较高、经济增长率较低的国家中，与1年的流动收入相比，该国的资本存量所占比重更大。这说明，在较为成熟、经济增长速度趋缓的社会，过去积累起来的财富作用极大。

反之，在储蓄率较低、经济增长率较高的国家当中，收入的作用小于资本存量。在这样的社会中，资本的作用十分有限。

　　通过资本主义第二基本公式，我们能够推测这些因素给该国社会结构及财富分配带来的影响。

第3章 资本重要性在世界范围内的变迁

为何欧洲各国与美国相比出现资本与收入之比结构性较高的现象？

通过资本主义第二基本公式，我们能够说明欧洲各国与美国相比，资本与收入之比呈现结构性较高的原因。

在资本主义第二基本公式中，储蓄率越高、经济增长率越低，长期来看，资本与收入之比就越高。

例如，如果一国储蓄率为10%，经济增长率为2%，那么该国资本与收入之比为500%（相当于5年的收入）。如果这里的增长率下降1%，那么资本与收入的比例将变为1000%（相当于10年的收入），仅仅是1%的差异，资本与收入的比例变成了原来的两倍。因此，虽然在经济增长率上只有微小的差异，但是会对资本与收入之比造成很大的影响。

其中非常重要的一点是，资本主义第二基本公式中的经济增长率是上一章中学过的内容，为人均产值增长率与人口增长率相加而得。

如果将资本主义第二基本公式用在欧洲各国与美国情况中，可以发现在两个地区当中资本与收入之比结构性差异非常明显。

如果在欧洲国家的储蓄率为10%~12%，人均国民收入增长率为1.5%~2%，那么欧洲国家的人口增长率基本为0，资本存量相当于6~8年的收入。

但是，在美国，人口仍然呈现增加态势，人口增长率约为1%，如果加上经济增长率，资本存量相当于3~4年的收入。

21世纪资本与收入比例将会如何变化？

接下来，让我们应用资本主义第二基本公式，预测今后世界资本与收入比例将会如何变化。

在21世纪，世界范围内资本与收入各自的重要性将发生什么变化呢？

皮凯蒂在《21世纪资本论》中，对2100年之前的世界人口增长率以及人均产值增长率进行了预测（图3-3）。

图3-3 世界人口增长率与人均产值增长率

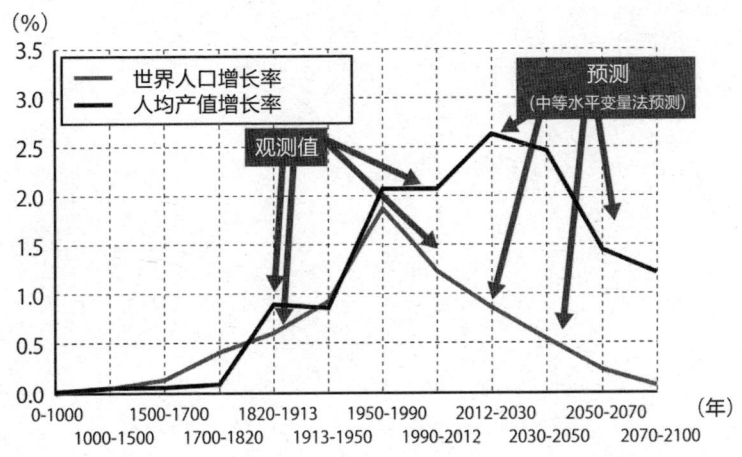

出处：http://piketty.pse.ens.fr/capital21c

根据这些图表可以预测，世界经济增长率从2012年起持续增长，将在2030年达到峰值3.5%，之后逐渐减少，而在2030年至2050年之间为3.1%，2050年至2070年急剧减少至1.8%，而从2070年至2100年将减少至1.5%。

如果假设世界范围内储蓄率长期稳定在10%左右，那么到21世纪末，资本与收入之比将接近700%。

这与18至20世纪初欧洲的情况十分接近，可以预测，到21世纪末，世界整体水平将相当于20世纪初叶的欧洲，资本的重要性将日益凸显。

第3章　资本重要性在世界范围内的变迁

PART 2　21世纪资本与劳动的分配

资本与劳动分配的变迁

此前，我们讲到了资本与收入比例的时空变化，并对未来的情况进行了预测，接下来，我们来关注一下资本与劳动分配的情况。

在探讨资本与劳动的分配问题时，我们可以将资本主义第一基本定律 $α=r×β$ 作为基础来开展。

在这里简单回顾一下资本主义第一基本定律。$α$ 代表国民收入中资本收入占比情况，这个数字越大说明资本在收入中越重要（也就是说，从资本中获得的收入在增加）。

第二，r代表资本回报率，是指投入资本后收入或者能够收入多少红利。

例如，如果投入1亿日元资金，每年能够获得500万日元的利润，那么资本回报率为5%。

那么，最后得到的 $β$ 是资本与收入的比例，表示的是资本存量相当于几年的现金流量。

如果r=5%，$β$=600%，那么根据资本主义第一基本定律，该国国民收入中资本占比5%×600%=30%。也就是说，该国一年产出的国民收入是按照劳动者70%、资本家30%的比例进行分配的。

关于资本与劳动分配率，英国从1770年—1910年在30%~40%的范围内推移（图3-4）。而且在第一次世界大战时出现了10%以上的降幅，降至20%左右，而之后逐渐上涨，现在基本恢复到将近30%。

此外，资本与劳动的分配率在法国也出现了相同的情况。

图3-4　英国的资本与劳动分配　1770—2010年

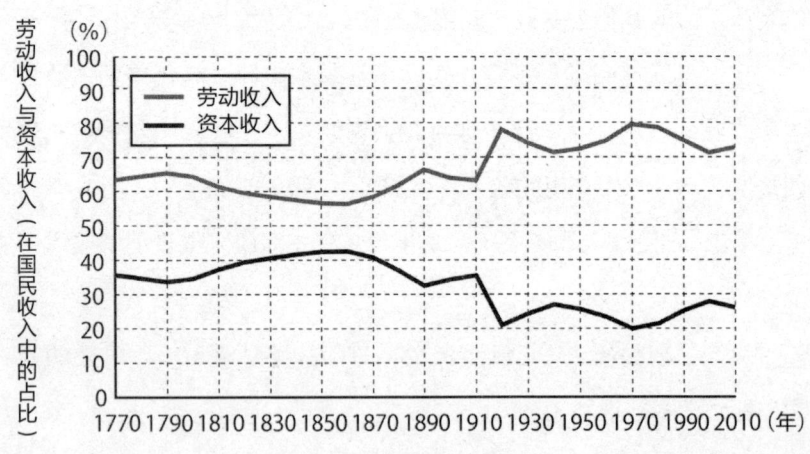

出处：http://piketty.pse.ens.fr/capital21c

1820年—1930年,基本在30%左右,在第二次世界大战中骤降至10%左右(参照图3-5)。随着法国走出重创的阴影,资本占比在逐渐回升,目前接近30%。

图3-5 法国的资本与劳动分配 1820—2010年

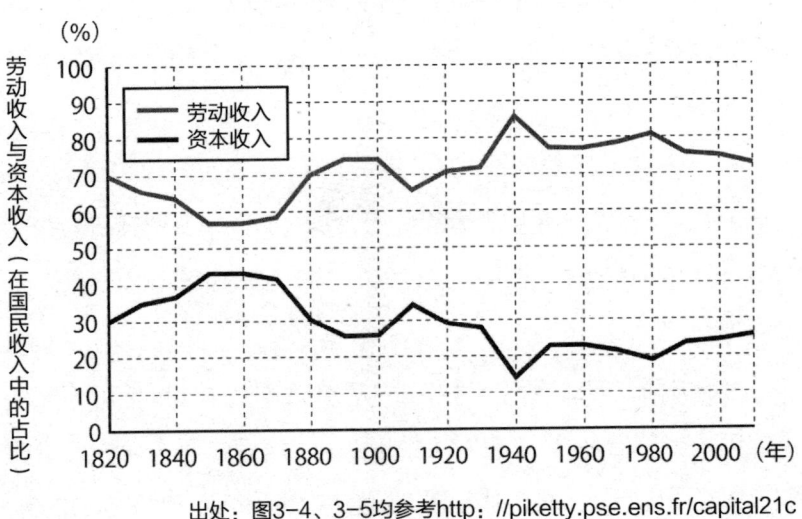

出处:图3-4、3-5均参考http://piketty.pse.ens.fr/capital21c

资本回报率的历史性变迁

接下来，我们一起来回顾下资本回报率的历史性变迁。

在资本主义第一基本定律中，$\alpha = r \times \beta$，资本回报率r也发挥了重要作用。

英国的资本回报率在1700年—1910年在5%~6%之间推移（图3-6）。从第一次世界大战开始，资本回报率急速升高，并在二战后的1950年达到11%。之后急剧下降，1970年至今再次恢复到5%~6%之间。

另一方面，在法国，1820年—1870年之间资本回报率在6%~7%的范围内，随后低至4%左右（图3-7）。之后在两次世界大战期间，曾经一度超过10%，然而资本回报率不断下降，现在稳定在5%左右。

在分析资本回报率时我们必须注意，刚才提到的数字归根结底是地价、利润、分红、利息等各类资本收入的平均值，如果分别看待这些资本带来的收入，能够发现收益情况各不相同。

例如，房地产可能会出现10%的收益，而换作是存款利息，仅为0.01%，基本不会产生利润。如果将这些资产统括起来计算收益率,目前收益率稳定在5%左右。

此外,平均收益率中还包含了投资时因必要的劳动及精力所需的成本。也就是说,实际上平均资本回报率存在夸张的成分,单纯的资本回报率会再稍微低一些。皮凯蒂认为,这一成本约占1~2个百分点,在这一前提下推算单纯的资本回报率(参照图3-6、3-7)。皮凯蒂计算得出了单纯的资本回报率,我们可以看作是最低值进行参考。

图3-6 英国净资本回报率 1770—2010年

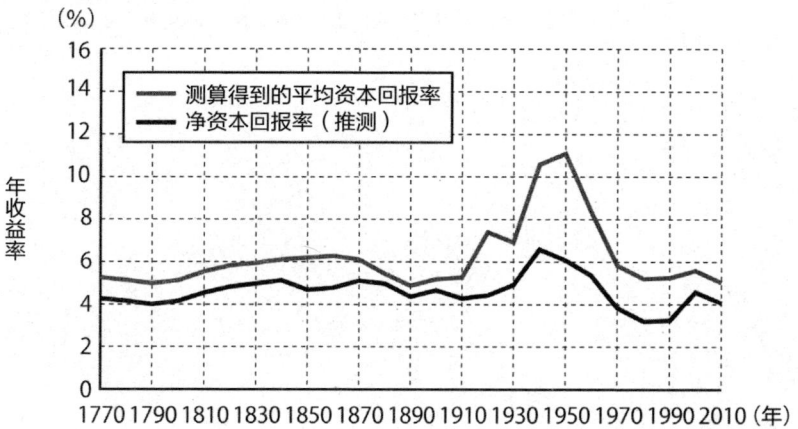

图3-7　法国单纯的资本回报率　1820—2010年

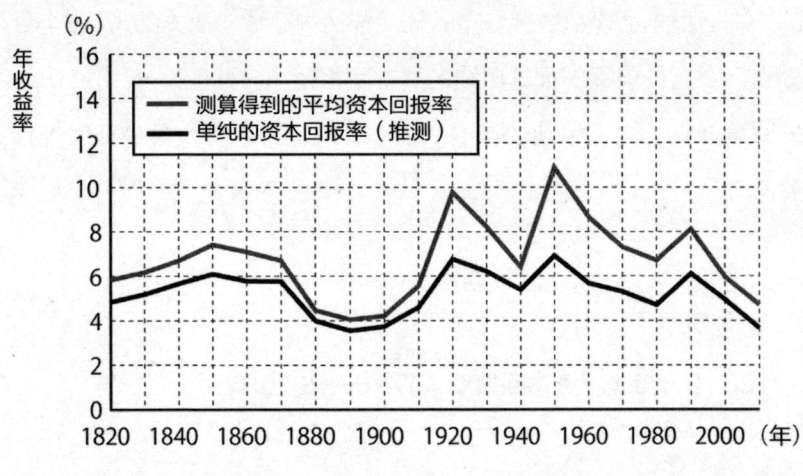

出处：图3-6、3-7均参考http://piketty.pse.ens.fr/capital21c

第3章 资本重要性在世界范围内的变迁

什么是资本回报率的决定机制？

资本回报率会随着时代及环境而变化，那么它究竟取决于什么因素呢？有两个因素对资本回报率起着决定性作用。

一是技术。也就是"资本使用的目的"。如果资本不能用于可以产生价值的地方，将不会带来任何收益。例如，如果在人迹罕至的地区修建公寓，那么利用价值为零，资本回报率也为零。反之，如果修建在城市等人口较为密集的地区，那么会有很多人希望入住，这将带来较高的收益。像这样，即使是同样的资本，如果使用目的不同（或者房地产修建选址不同），收益率将产生巨大的变化。

同时，另一个因素是资本存量的稀缺程度，即"资本的数量"。如果相同的资本较为丰富，那么收益率将会很低；反之，如果资本较少而需求量较大，收益率将会升高。例如，即使将公寓建立在车站附近地理位置较好的地方，如果该地区已经存在很多其他公寓，那么公寓之间可能会针对房租展开"价格战"，纷纷降价，从而导致收益下降；反之，如果附近没有相同的公寓，那么无须下调房租，仍然可以实现较高的收益率。

考虑到这两个因素，我们能够看到，资本回报率具体是由"边际生产力"决定的。边际生产力一词较为专业，其定义为"每增加一个单位要素投入所增加的产量"。例如，假设资本家提供的资金为1亿日元，如果增加了500万日元的产量，那么资本的边际生产力为每1亿日元的投入将增加500万日元，通过计算可得到资本回报率为5%。

第3章 资本重要性在世界范围内的变迁

21世纪资本与劳动的分配率将如何变化？

今后世界经济可能会持续较低的增长率，根据资本主义第二基本公式，β=s/g，如果储蓄率s出现重大变化，那么资本将不断得以积累，社会中资本的重要性将不断增加。另一方面，从劳动中得到的收入比例将不断减少。

在欧洲，资本已经相当于5至6年的国民收入，与史上最高水平18世纪至19世纪的比例持平。

在美国，资本相当于4年的国民收入，与欧洲国家相比，仍然处于一个较低的水平。然而，根据皮凯蒂推测，在21世纪，世界范围的资本或将达到甚至超过全世界收入的5~6倍。即使在最差的情况下，经济增长率跌至1%，资本存量也有可能达到相当于10年收入的水平，这是无可否认的。

我们可以据此预测，今后资本与收入的比例将会不断升高。那么，21世纪资本与劳动的分配率可以按照资本主义第一基本定律计算出，随着r（资本回报率）变化，分配率也会产生变化。

资本回报率r受到资本存量稀缺程度的影响，如果资本存量较多，那么资本回报率将会下降；反之，则增加。

但是，这里出现一个问题，就是每增加一个单位的资本，r将会下降多少。例如，如果收益率的下降幅度比资本与收入比例增加的幅度还大，那么国民收入中资本占比将随资本与收入比例的增加而减少。

反之，如果收益率的下降幅度比资本与收入比例增加的幅度小，那么资本与收入比例的提高将使得国民收入中资本占比增加。

皮凯蒂认为后者的可能性更大，预测未来在资本与劳动的分配率中，将出现资本份额的增加与劳动份额的减少。具体从数据来看，资本回报率将达到4%~5%，资本与收入比例将达到700%~800%，资本在全世界收入中的份额保守计算也有28%，如果按较高的数值计算，将可能达到40%。

其中，很重要的一个结论是，从历史来看，并不存在一个能够消除资本以及资本收入的重要性的机制。为了防止资本的力量愈加强大，需要通过政治力量进行干预。

图3-8 未来资本分配率将如何变化?

第一种情况
如果r的下降幅度大于β的增长幅度,那么α(国民收入中资本收入占比)将会减少
(ex.)
现在　　α=5%×4=20%
未来　　α=3%×6=18%
即使资本与收入之比达到6,如果资本回报率下降至3%,那么α也将会减少。

第二种情况
即使β增加,如果r没有明显变化,那么α也将会增加。
(ex.)
现在　　α=5%×4=20%
未来　　α=4%×6=24%
如果资本增至收入6倍,只要资本回报率不低于4%,那么α将呈增加趋势。

※皮凯蒂认为第二种情况的可能性更大,预测将来资本分配率将会增加。

第4章
贫富差距的构造与机制

让我们用丰富的数据共同验证贫富差距产生的机制以及贫富差距的结构吧。

第4章 贫富差距的构造与机制

PART 1 劳动差距

劳动收入的差距现状如何?

在前几章中,关于劳动与资本这两种获取收入的方法,通过庞大的数据,利用资本主义基本法则,我们对这两种方法的重要性在现在至未来的变迁进行了分析。

此前,我们在分析劳动与资本时使用了平均值,而在这一章中,我们将把重点放在"存在着什么样的差距""为何会出现这种差距"等要点上,分别对劳动收入与资本收入进行深度剖析。首先我们来看一下劳动收入的差距。

可以说,劳动差距在时空分布上比较平缓。差距最小的是1970年—1980年挪威、瑞典等斯堪的纳维亚半岛地区的国家(下页图4-1)。在这些国家中,最富有的10%人口劳动收入仅占全体收入的20%。

中间阶层即40%的人群,收入占据了总收入的45%;不富裕人群即50%的人群,收入共占总收入的35%,可见收入差距十分微小。

另一方面,劳动收入差距最大的是2010年的美国,最富裕人口即10%的人群,劳动收入达到总收入的35%;最贫穷人口即50%的人群,总收入仅占总收入的25%,可见美国的社会结构中贫富差距十分明显。

不过,这并不是说从富裕人群到不富裕人群存在着极其巨大的贫富差距。可以说,这是由于各国政府制定的法律,如最低工资标准等在保障劳动者地位。

图4-1 劳动收入差距的时空分布

各阶层在总劳动收入中的占比情况	差距小 (1970—1980年,斯堪的纳维亚半岛)	差距适中 (2010年欧洲)	差距较大 (2010年美国)	差距极大 (2020年美国?)
最富裕10%(上流阶级)	20%	25%	35%	45%
顶层1%(支配阶级)	5%	7%	12%	17%
剩余9%(富裕阶层)	15%	18%	23%	28%
中间40%(中层阶级)	45%	45%	40%	35%
底层50%(底层阶级)	35%	30%	25%	20%
对应的基尼系数(反映收入分配差异的指数)	0.19	0.26	0.36	0.46

注:在劳动收入差距较小的社会(20世纪70年代、80年代的斯堪的纳维亚半岛),工资最高的10%人群占据了全体劳动收入的20%,最底层的50%占据全体劳动收入的35%,中间的40%占据了全体劳动收入的45%;与此相对的基尼系数(反映收入分配差异的数值,范围从0到1)为0.19。专业的在线数据统计请参考http://piketty.pse.ens.fr/capital21c

第4章 贫富差距的构造与机制

为什么工资会出现差距呢？

虽然说劳动工资收入的差距不是特别巨大，但是在劳动者之间也明显存在。有的高管年收入超过1亿日元，也有的职员年收入不满200万日元。那么，产生这种差距的原因究竟何在呢？

产生工资差距的主要原因应该就是皮凯蒂所说的"教育与技术之争"。

在决定劳动者工资时，会根据该员工的边际生产力来决定。边际生产力这一数值表示的是通过雇佣该名员工，企业的生产力能够提高多少。例如，如果雇佣一名员工每个月生产力能够提高50万日元，那么可以说支付给这名员工50万日元的工资就是相符的。也就是说，工资与一名员工为企业生产所做的贡献是同等的。

此外，决定工资的另一个要素就是"供给与需求"。如果对于拥有特定知识技能的人才需求较多，而人才数量的供给较少，那么工资将会上升。反之，如果需求很少，然而人才供给较多，那么工资将会下降。

例如，日本法律规定，在药妆店等地方，未经药剂师说明，第一类药品不得出售，因此很多药妆店中常常配有药剂师。但是，虽然对于药剂师的需求很高，但是药剂师的数量很少，因此现实情况是药剂师人才稀缺。这时，医院与药店、药妆店将会展开激烈的人才争夺战，工资也因此升高。

因为工资由"边际生产力"和"供给与需求"两点因素共同决定，那么受过良好的教育、拥有较高专业技能的人员如果遇到供不应求的局面，就可以得到可观的报酬。然而，如果没有受到良好教育，没有获得较为稀缺的技能，就无法使自己脱颖而出，只能作为"大多数人"的一员满足于较低的工资。可以说，这种"教育与技术之争"正是导致劳动工资出现较大差距的重要原因。

第4章　贫富差距的构造与机制

超级高管的兴起

近来，特别是在美国，伴随"超级高管"的出现，劳动收入的差距问题日益凸显。虽然这类超级高管的人数并不多，然而他们的工资远远超出一般人的想象。

例如，在东洋经济新报社发行的《美国公司四季报2014》中曾经提到过，在美国工资最高的人士是尼古拉斯·豪利，他在总部位于美国俄亥俄州克利夫兰的飞机零部件供应商TransDigm集团供职，任主席及首席执行官。他的年薪换算成日元相当于56亿日元（按照1美元=115.94日元计算）。位居排行榜第二的是总部位于佛罗里达州的富达国民金融公司（Fidelity National Financial，意外保险公司）主席威廉姆·弗利(William Foley)，年薪为49亿日元。第三名是世界最大的矿产资源公司、总部位于路易斯安那州新奥尔良的自由港迈克墨伦铜金矿(Freeport-McMoRan Copper & Gold Inc.)公司首席执行官理查德·阿德克森（Richard Adkerson），年薪47亿日元。

按照大学毕业生平均工资标准计算，这些"超级高管"一个月就能获得一名普通日本上班族一生的工资（据独立行政法人劳动政策研究研修机构2010年调查,大学毕业生一生的工资总和为2亿8000万日元)。

从具体分析数据可知,20世纪80年代后半段开始,美国最富裕的1%人群在国民总收入中所占份额激增,最近已经超过18%,贫富差距已经十分明显(图4-2)。

图4-2 盎格鲁-萨克逊民族各国中1910年—2010年收入差距

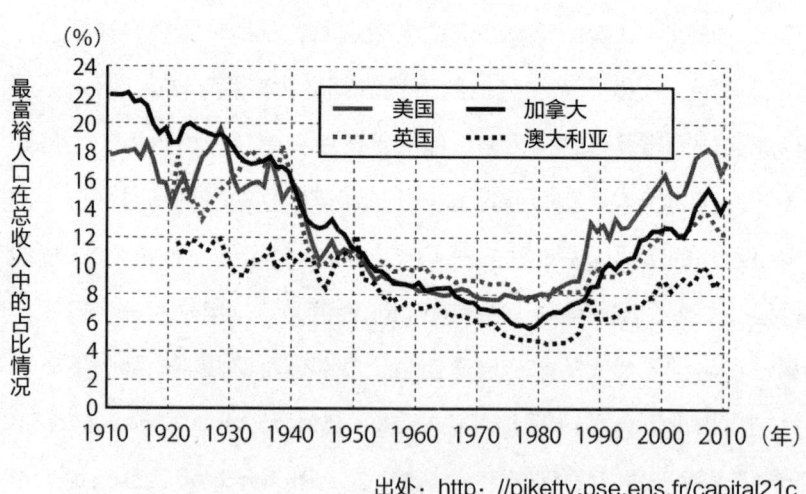

出处:http://piketty.pse.ens.fr/capital21c

第4章 贫富差距的构造与机制

工资为何能够超过边际生产力水平

在上一节中提到,劳动者的工资主要由"边际生产力"和"需求与供给"两个因素决定。但是,美国的超级高管现象无法用这个理论解释。

那么,究竟是什么样的背景决定了这种超出正常水平的高额工资出现呢?

皮凯蒂认为,超级高管的巨额薪金并非由边际生产力决定的,而是随机决定的。也就是说,经营者可以自行决定自身的工资,由于对自己的判断不很严格,使得自身的工资变成了一个天文数字。

不过,经营者并不能够随意地决定自己的工资,通常需要经过工资委员会批准。但是,如果社会上大多数人对超级高管的高额工资表示容许的态度,即使是天文数字,也不会遭到否决。

认可超级高管薪金的这种社会意识在美国尤为显著,在英国及加拿大等国家也可以看到这种趋势,如果这种社会意识在其他国家中高涨,那么在这些国家中贫富差距也会扩大。

PART 2　资本差距

资本带来的收入差距今后将如何变化？

介绍完劳动工资的差距，我们来关注一下资本带来的差距今后将如何变化。在实际情况中，与劳动带来的差距相比，资本带来的差距聚集在最富裕人口中（图4-3）。

例如，皮凯蒂的调查显示，收入差距最小的时期与地区是20世纪70至80年代的斯堪的纳维亚半岛。当时，最富裕的10%人群拥有国家财富的一半，中间阶层拥有国家财富的40%，最贫穷人口拥有国家财富的10%。

与之相对，收入差距最大的时期与地区是第一次世界大战之前1910年的欧洲。最富裕的10%人群拥有国家财富的90%，占据总人口40%的中间阶层与占据总人口的50%的最贫穷人口各拥有国家财富的5%，富裕人群与不富裕人群差距十分明显。

近来，美国的贫富差距不断扩大，在总人口中占比10%的最富裕人口拥有国家财富的70%，人口中占比40%的中间阶层拥有国家

图4-3 劳动收入差距的时空分布

各阶层在总资本收入中的占比情况	差距小 (从未出现的理想社会？)	差距适中 (1970-1980年, 斯堪的纳维亚半岛)	差距较大 (2010年欧洲)	差距很大 (2010年美国？)	差距极大 (1910年欧洲)
最富裕10% (上流阶级)	30%	55%	60%	70%	90%
顶层1% (支配阶级)	10%	20%	25%	35%	50%
剩余9% (富裕阶层)	20%	30%	35%	35%	40%
中间40% (中层阶级)	45%	40%	35%	25%	5%
底层50% (底层阶级)	25%	10%	5%	5%	5%
对应的基尼系数(反映收入分配差异的指数)	0.33	0.58	0.67	0.73	0.85

注：在资本收入差距适中的社会（20世纪70年代、80年代的斯堪的纳维亚半岛各国），占据总人口10%的富裕人群拥有国家财富的50%，最底层的50%占据国家财富的10%，中间的40%占据了国家财富的40%；与此相对的基尼系数（反映收入分配差异的数值，范围从0到1）为0.58。专业的在线数据统计请参考http：//piketty.pse.ens.fr/capital21c

财富的25%，总人口50%的最贫穷人口拥有的国家财富仅为5%。针对这些数据，我们可能看出，与工资差距相比，资本带来的差异极其明显，很可能演变为社会问题。

第4章 贫富差距的构造与机制

为何资本分配会极其不平等？

那么为什么与劳动收入相比，资本带来的分配会如此不平等呢？

原因主要有两个：一个是继承导致，另一个是由于资本回报率恒常高于经济增长率。

首先，我们从继承的角度进行分析。在前面的章节中提到，资本是指资本存量，每年收入中未用尽的部分将以资本的形式转化为存量，以股票、房地产、银行存款等形式转化为投资。

如此一来，随着长年累月的积累，资本的数额将越来越大，在一个人晚年，资本数量将达到一个较大的数额，而在本人死亡后，由下一代继承。下一代以同样的方式积蓄资本，资本将继续增长从而获得积累。

其中，加速资本集中的则是因为"资本回报率恒常大于经济增长率（r＞g）"这一事实。

前文中提到，税前净资本回报率在4%~5%的范围内推移。

另一方面，在图4-4中，我们能够看出，经济增长率在很长的一段时间内均为零增长，进入19世纪之后开始超过1%，在1950年—2012年更是接近4%，但是可以预测今后增长率将逐渐下降，到2050

图4-4　世界范围内收益率与经济增长率

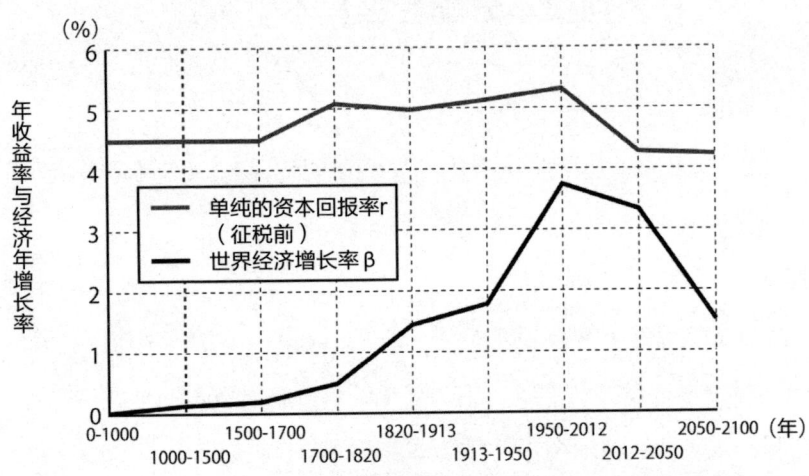

出处：http://piketty.pse.ens.fr/capital21c

年之后降至1.5%左右。

在这样的事实基础上，我们无法期待劳动收入能够实现1.5%的年增长率，而资本收入倒是可能出现4%以上的年增长率，这样一来，将迎来一个富裕人群坐拥财富的社会结构。

况且，计算得出的4%~5%仅仅是平均资本回报率，如果按照实际资产的金额计算，收益率将大不相同。

例如，拥有100亿日元资产的富豪与拥有1亿日元资产的富豪收益率一定会产生较大的差异。我本人曾经在银行中承担为企业家及富豪理财的工作，发现随着理财金额不同利润会出现极大差别。可以想象，在证券公司等其他金融机构中，随着理财金额不同，被推荐的商品也不尽相同，在营业活动中应该也是优先向大宗客户提供高利率产品。

因此，如果实际情况下能够得到巨额财富，那么快速实现财富增值应当不是一件困难的事吧。微软创始人比尔·盖茨经常出现在世界富豪排行榜福布斯排行榜上，他的资产从40亿美元到500亿美元，短时间内增值12.5倍。此外，化妆品公司欧莱雅创始人的独生女莉莉安妮·贝当古女士继承父业，从未劳动过，然而其资产由20亿美元增长至250亿美元，同样实现了比尔·盖茨12.5倍的增速。对于已经坐拥巨额资产的人士来说，实现资产快速增长不是一件难事。

所得资本由于受到"继承""资本回报率恒常大于经济增长率（r＞g）""资本数额越大其收益率越高"等因素影响，结构上在资本积累会产生极端的偏移。可以说，这就是资本分配比劳动分配容易产生极端不公平现象的重要原因。

PART 3　两个世界

10%富裕人群在总收入中的结构

最后，我们来看一下贫富差距的结构中，劳动收入与资本收入差距的总和——总收入今后将如何变化。

收入分为劳动所得与资本收入。当然，虽然有很多人仅仅通过劳动或资本获得收入，然而也有很多人同时通过劳动与资本获得收入。

关于总收入的结构，皮凯蒂对10%的富豪进行了分析。

例如，图4-5反映了2005年法国最富裕人口的收入结构。

根据皮凯蒂的调查，法国最富裕的5%~10%人口劳动收入占总收入的90%。同时，越富有的人劳动收入所占比重越小，资本收入的比重越大。在最富有0.01%~0.1%的人群中，资本收入所占比重最终超过劳动收入比重，在最富有的0.01%人口中，收入主要来源于资本收入。

这一情况在美国也相同。皮凯蒂对2007年美国富豪各分收入在总收入中的占比情况进行了分析，得出了与2005年法国相同的图表（图4-6）。

第4章 贫富差距的构造与机制

图4-5 2005年法国最富裕人口的收入结构

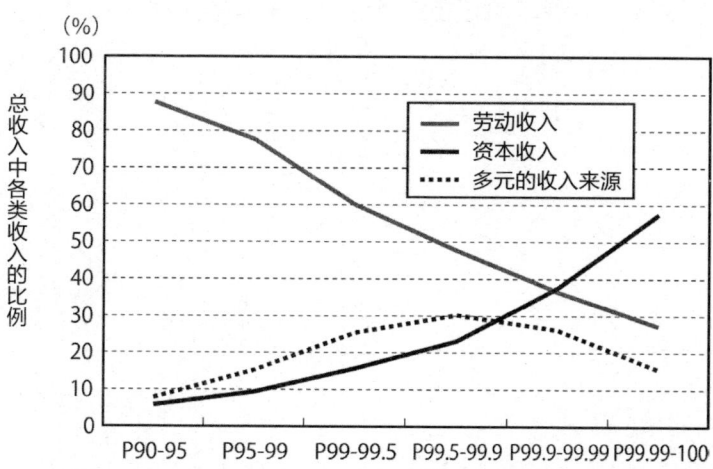

※p代表%，P99.99-100表示的是进入99.99%-100%的0.01%顶级富豪。
出处：http：//piketty.pse.ens.fr/capital21c

图4-6 2007年美国最富裕人口收入构成

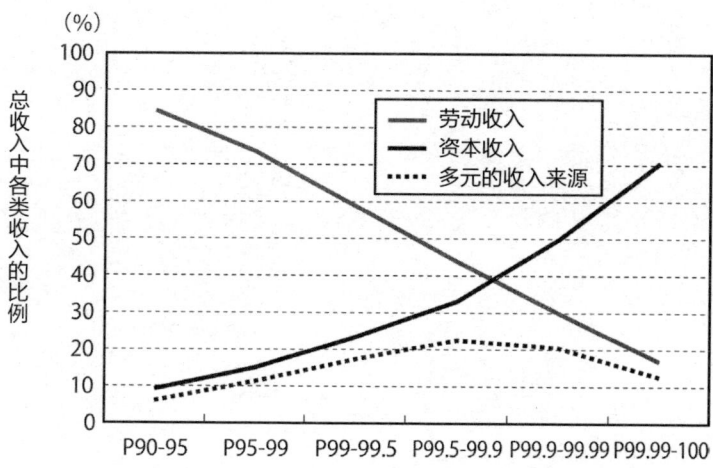

出处：http：//piketty.pse.ens.fr/capital21c

127

在美国,最富裕的5%~10%的人口劳动收入占据总收入的85%左右,收入越高,劳动收入的占比越少。同时,最富有的0.01%人口资本收入远超其劳动收入。

最富10%人口的收入结构是如何演变至今的？

我们可以看到一个特点：在现代，总收入越高，劳动收入占比越小，资本占比越大。这样的特点与过去相比，是否产生了什么变化呢？

皮凯蒂以同样的方式对1932年的法国、1929年的美国进行了分析，得到了一个十分有趣的结果。

在两国中，同样是总收入越高，劳动收入占比越小，资本收入越大，这一点并没有什么变化。

然而，在法国的数据中，劳动收入与资本收入占比情况从最富裕的0.1%~0.5%人群开始出现逆转；在美国的数据中，从最富裕的0.5%~1%开始逆转。可见，在过去资本收入的影响力更大，与之相比，在现代社会中，劳动收入更为重要（图4-7、图4-8）。

这体现了社会结构的巨大变化。在以前的社会中，"游手好闲"的人能够仗着巨额资产不劳而获，占据较大的优势；而现在，"超级高管"能够获取高额的劳动收入，占据较大的优势。

不过，这种变化仅仅是现在的情况，没有人能够断言这种情况今后是否会延续，即有可能再次出现1910年欧洲曾经出现的情

图4-7 1932年法国最富裕人口收入构成

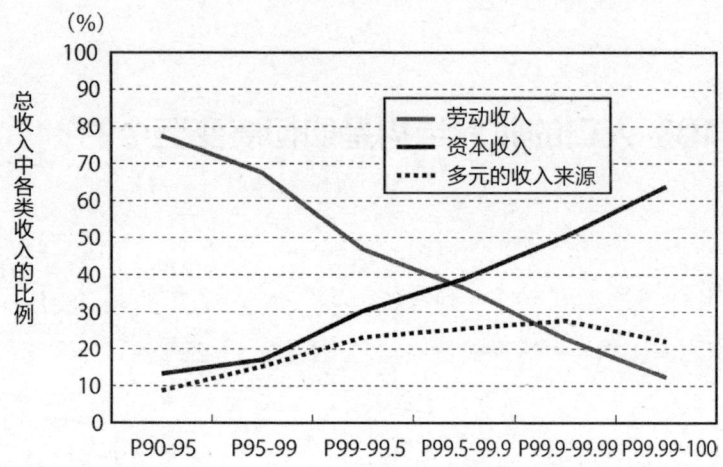

出处：http://piketty.pse.ens.fr/capital21c

图4-8 1929年美国最富裕人口收入构成

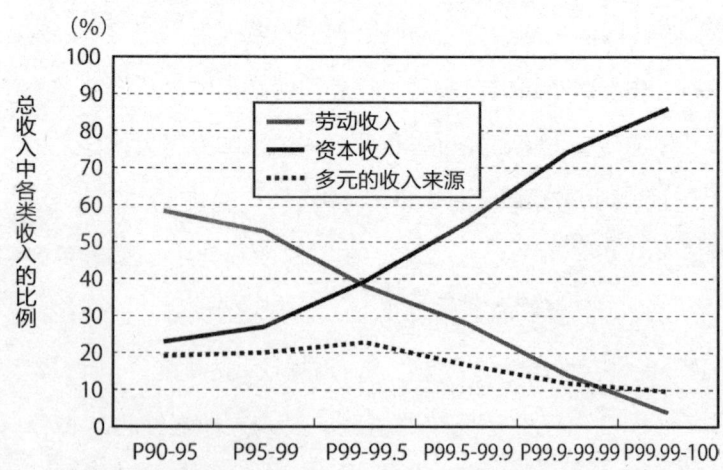

出处：http://piketty.pse.ens.fr/capital21c

第4章 贫富差距的构造与机制

况，成为"超级世袭社会"，社会财富集中在特定人群手中，由于财产继承使得总收入中资本收入的重要性凸显。同时，也有可能成为"超级能力社会"，超级高管不断出现，获得堪称天文数字的劳动报酬，劳动收入占据主要地位。再或者，两个不平等社会同时出现，贫富差距愈演愈烈，这些都是有可能的。

如果一个人既是超级高管，能够通过劳动收入获取较高报酬，同时作为投资者又能够实现其财富增值，那么可谓是将这两个不平等演绎到极致。

第5章
解决贫富差距的宏观方法

贫富差距问题不会自然消除。今后,各国政府将携手探讨解决措施。

第 5 章　解决贫富差距的宏观方法

关于贫富差距的解决措施1

征收累进税

通过前面几章的介绍，大家可以看出，如果对资本主义经济放任不管，将会导致财富极端集中，极少数人或将坐拥世界上几乎全部的财富。

另一方面，超级高管层出不穷，如果他们随心所欲地获得堪称天文数字的高收入，那么劳动收入的差距也会达到史上前所未有的程度。

这些极其不平等的现象在现在的资本主义社会中是无法自然消除的。现在，随着世界经济全球化发展，如果政府不进行国际间协调对资本实行限制，那么世界将向极端不平等发展，难以阻挡。

皮凯蒂在《21世纪资本论》中，对21世纪国家存在的贫富差距问题，提出了几个解决措施。在这一章中，我们将对皮凯蒂理想中的贫富差距解决措施进行深入探讨。

为避免社会财富集中在超级资产者和超级高管手中，促进再分配，各国政府的作用不可或缺。皮凯蒂表示，为避免财富集中，防止贫富差距扩大，累进税制的导入发挥了巨大作用。

在累进税制的机制中，征税范围内资产及收入越多，需要负担的税额则越大。如果征收"累进所得税"，工资（收入）越高纳税额越高；如果征收"累进继承税"，那么继承的财产越多纳税额越高。

皮凯蒂认为，其中最为创新的是累进所得税的考量及发展，它是20世纪税收制度中最大的创新，第二大税制创新当属累进继承税。同时，他坚信，这两大税制是解决21世纪贫富差距问题的关键方法。

那么，回顾累进税制的历史，我们来重点关注一下在今后累进税制的发展中将会出现的问题。

累进税制因筹备战争经费而出现

可以说，累进税制是近年来出现的一种税制。《21世纪资本论》中提到，累进税制是民主主义的产物，是两次世界大战的产物。也就是说，为凑齐战争需要的巨额经费，各国出此下策，采用累进税制。

此外，由于这一税制是受当时社会背景所迫而导入，因此现在很多纳税人都对其进行批判，认为"无法理解累进税制原理本身"。

边际税率是如何变化的呢?

自第一次世界大战前开始,发达国家的累进税率持续上升,在1940年的英国,所得税税率最高曾达98%,处于一种异常状态(图5-1)。在英国,最高税率曾经降低至90%,然而到20世纪70年代再次增长到98%。不过,进入80年代之后,所得税最高税率迅速下降,到2013年稳定在50%~60%的范围内。

图5-1　最高所得税率　1900—2013年

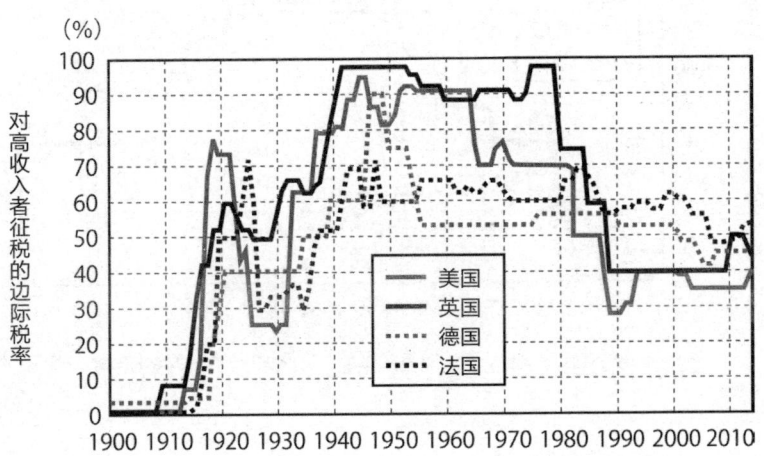

关于继承税的变化也基本相同（图5-2）。一战前，继承财产基本不需要缴纳税金，然而20世纪20年代，英美两国的最高税率急速上升。1940年以后，最高税率更是高达80%左右。进入20世纪80年代，最高税率才开始下降，到2013年稳定在30%~45%的范围内。

图5-2　最高继承税率　1900—2013年

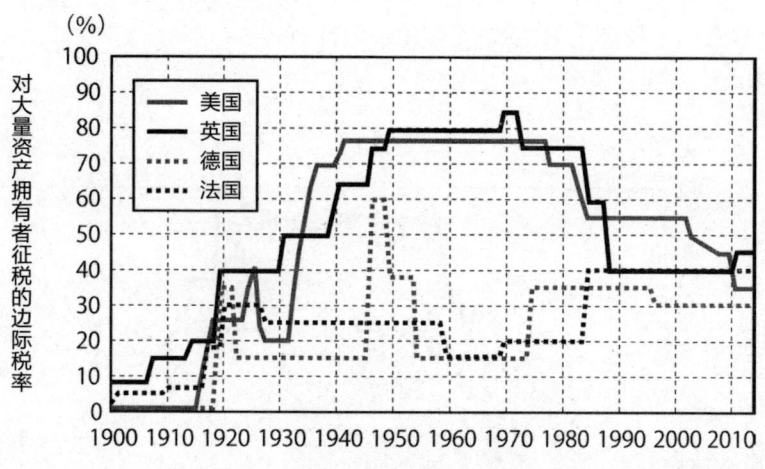

出处：图1、图2均参考http：//piketty.pse.ens.fr/capital21c

第5章 解决贫富差距的宏观方法

近年来累进税制的问题

皮凯蒂认为,应该向最高收入者制定近乎没收全部收入的税率,由于超高年薪获得者——超级高管的增加等原因使贫富差距或将进一步扩大,而这可能是阻止这一趋势的唯一方法。同时,可以得出一个结论,即在发达国家中,最优的最高税率为80%以上。如果能够达到这个标准,能够大幅下调超高年薪,就可以维持各国经济的生产水平,还能够提高低收入者的收入水平。

最高税率80%这一标准高出目前征收的累进税制税率,然而非常遗憾的是,在发达国家中没有关于实现最高税率水平的动向。这是因为,制定税制标准的是富裕人群,他们绝不可能导入这种自掘坟墓的税制。

换言之,皮凯蒂认为的理想税率,只有在一国遭受了战争等来自外部的巨大打击时,才有可能出现,因此,如何跨越这一难关将是一个严重问题。

关于贫富差距的解决措施2

导入全球资本税

在21世纪日趋复杂的资本主义经济中，为解决全球范围内的贫富差距问题，仅仅凭固有经济体制中的税制很难解决不平等问题，这一点大家都有目共睹。因此，需要与现代经济体制相适应的划时代解决方案。

皮凯蒂希望通过推行"全球资本税"来解决这一问题。这项税制将对全世界的资本实行累进征税，可以对累进所得税制和继承税这两项20世纪减少不平等的税制进行有效补充。通过导入这项全新的全球资本税，能够从根本上阻断日趋极端的不平等现象根源，将有利于解决世界资本过于集中这一问题。

对于世界范围内资本征收的"全球资本税"

全球资本税是指对全球范围内的财富采取的累进式逐年征税制度。征收全球资本税的目的是对房地产、股票、存款、事业资产等所有资本实行累进税制，资产评估值越高，则税率越高。

其实，这种资本税并不是空想的产物，很多国家已经对房地产等资产征收"固定资产税"。皮凯蒂提出的"资本税"则不仅仅是对房地产，而是将"固定资产税"的征收对象扩大到股票、存款、事业资产等所有资本，同时主张各国在世界范围内共同协调，推行累进税制。

例如，在税率方面，他提议，1亿日元以下的资产不征税、1亿日元至5亿日元左右的资产征收1%、5亿日元以上的资产征收2%。这与所得税及继承税税率相比，看上去很低，然而由于其征收对象是全部资产，并且需要每年缴纳，与继承税等"一代人只缴一次"的税种不同，即使税率很低最终也会缴纳巨额税金。因此，期待全球资本税的税率是一个"较为合适"的数字。

为什么需要全球资本税呢？

全球资本税与累进所得税制、继承税并列，作为"三驾马车"之一发挥着解决贫富差距问题的作用。

例如，关于所得税，只能说很少有资本家能够将自己的实际收入如实申报，缴纳相应的税金。收入越高，越容易采取相关措施，例如通过理财公司合法避税等。在这种情况下，无论累进税制制定为50%还是98%，都是无济于事的。

因此，直接对资本而非收入征税，能够对其他税制形成补充，在有效促进财富分配的公平性上发挥着十分关键的作用。

能够导入全球资本税吗?

在导入全球资本税时，必须采取民主主义的方式，提高金融透明性。也就是说，必须毫无保留地明确世界上每一个人的资产情况。

这一举措看上去是无法实施的，然而各国自身已经构建了能够把握个人资产情况的体系。那就是银行管理个人资产数据，各国的税务当局均有权利接入银行数据库。

如果能够扩展到国际范围，能够清晰地把握每个人拥有多少资产，这有助于全球资本税的导入。

不过，这一领域的协调活动与各国利益息息相关，不难想象将会遭遇一定的困难。这不禁让人想到"导入全球资本税是难以实现的"。

第6章
读完皮凯蒂教授的《21世纪资本论》,我们能做些什么?

第 6 章　读完皮凯蒂教授的《21世纪资本论》，我们能做些什么？

自己成为资本家

皮凯蒂通过极其大量的数据证明了资本主义社会贫富差距在不断扩大，然而并不存在一种能够自然调节的机制。那么，随着社会贫富差距越来越大，我们作为个人应当如何应对呢？

在本章中，我们将探讨面对贫富差距不断扩大，社会不具备自然消除的机制时，我们个人力所能及的事究竟有哪些。

第一个答案很简单：在维持现状、劳动收入不变的情况下，就要增加资本收入。虽然资本家与劳动者之间的贫富差距由于 r＞g 这个公式不断扩大，然而，如果资本家自身也成为劳动者，将会一定程度上缓解贫富差距问题。当今社会，无论是谁，成为资本家不再是一个遥不可及的梦。只要想，任何人都可以成为资本家。

不过，投资资本也分为银行存款、投资股票、投资房地产等多种多样的形式。这些投资因风险不同得到的回报也不尽相同。

例如，现在银行存款等是较为安全的理财方法，然而目前年利率仅仅为0.03%，可以说几乎没有什么利息。即使投资100万日元，1年的利润也只有300日元。按照这种增速，反而是经济增长率带来的工资增速比较快。

接下来是股票投资。有的股票投资利润十分丰厚,是银行存款难以企及的,有时候增至投资成本的几倍。但是,也有很多情况下,投资资金会降至投资成本的几分之一,这类事例实在是不胜枚举。可以说,股票是一种高风险、高收益的投资。

如果投资股票时希望避免极高的风险,现在通过东证股票指数(Topix)相关的投资信托或者ETF等"股票指数应用",也可以为个人增加机会,因此大家可以使用。

实际上,一般说在金融界,与其选定几个特定的品种,购买全体股票风险更小(因为即使一只股票下跌,也会有其他股票上涨)。同时,从金融相关的理论来说,没有一种方法比购买全部股票的风险更小了。

不过,购买市场上流通的全部股票对于个人来说是不可能实现的,因此与Topix等指数联动的投资信托及ETF的意义在此凸显。此外,这种方式还存在一个优点,就是可以从小额投资开始投资,投资金额从几千日元到几万日元均可。

最后是房地产投资。最近有很多上班族也开始加入公寓经营领域,这大概是由于一般房地产年利率高达5%~10%的缘故。

不过,房地产投资伴随着很大的风险。首先,购买房地产需要数千万甚至数亿日元的巨额投资资金,即便是获得了房地产,如果空闲下来,也将无法实现理想中的利润。此外,随着建筑折旧,需要支付高额修缮费,所以这项投资不太适合新人。

因此,REIT这项房地产投资应运而生。REIT首先向多名投资

第6章 读完皮凯蒂教授的《21世纪资本论》，我们能做些什么？

者集资，用收集的资金购买办公大楼及商业设施、公寓等多种房地产，通过租赁以及出售房地产获取利润，最终分配给投资者。虽然实质上是房地产投资，但是法律上的分类属于投资信托。现在，很多REIT品种上市，最低可从10万日元开始投资。不同的品种年利率不同，不过一般稳定在2%以上、5%以下。

现在的社会环境中，任何人都可以轻松地成为资本家。

不过，如果想要尝试收益率较高的投资，就一定要做好承担相应风险的心理准备。进行投资时，必须认真学习，带着一种对自己负责的态度投资产品。

实现较高的经济增长率

缩小贫富差距的另一个方法,就是经济增长率主导的收入高于他人。

皮凯蒂的研究总归是一个平均值,如果分别看来,会产生很大的差异。因此,可以说,如果自身实现的增长率能够远远超过平均值,那么个人层面的贫富差距问题就可以得到解决。

在经济增长率较高的企业工作

想要实现高于他人的经济增长率,一个简单的解决方法就是在经济增长率较高的企业工作吧。找工作的时候,首先调查公司营业增长率及工资增长率,在自己心仪的职位当中选择经济增长率最高的企业工作,这样g高于r也绝非不可能实现的事。

经济增长率在金融业、服务业、流通业等产业、行业当中有所不同,同时根据每个企业所属的发展阶段差异也很大。

第6章 读完皮凯蒂教授的《21世纪资本论》，我们能做些什么？

个人实现较高的增长率

可以说，通过个人努力，实现高于他人的经济增长率，是解决贫富差距问题最重要的方法。虽然努力并不能使每个白手起家的人一跃成为最富裕的1%，然而2015年福布斯世界亿万富豪排行榜数据显示，名次最靠前的日本人是柳井正，第二名是孙正义，第三名是三木谷浩史，他们当中没有一个人是从父辈继承的资产，都是靠着自己辛勤努力创建实业。这说明，通过努力成为百万富翁绝非天方夜谭。

那么，个人应该如何实现较高的经济增长率呢？皮凯蒂在《21世纪资本论》中提出，国家的经济增长率是人口增加部分与人均产值增加部分的合计，如果把这个理论放在个人身上将得出怎样的结论呢？

人口增加指的是劳动人口的增加，因此放在个人层面上就是指增加劳动时间。另一方面，人均产值的增加指的是生产力的增加，因此在个人层面上我们只要提高劳动生产效率就可以了。也就是说，我们只要通过增加劳动时间与生产效率，使经济增长率高于平均值就可以了。

接下来我们具体来看一下。

1.增加劳动时间

首先，我们来考虑增加劳动时间的问题。由于所有人一天可利用的时间都是24小时,并不能永远增加下去。同时,长时间工作反而会导致工作效率低下,如果引发身体问题,就是本末倒置了。

因此,在增加劳动时间的过程中,时间管理发挥着重要的作用。例如,如果将我们每天的活动记录下来,会发现我们浪费了很多时间。如果将这些浪费掉的时间转化为有效的工作时间,那么不增加总劳动时间也可以提高有效的工作时间,从而提高产量。

因此,重要的是前期计划。按照优先顺序制订月计划、周计划以及日计划,然后按照计划行动,那么可以极大地增加有效劳动时间。

2.提高生产效率

我们有很多方法能够提高生产效率,即实现单位时间内产量的提高。

其中一个是按照价值维度考量自己的行动。按照价值维度即用价值衡量自身行动,选择能够带来最大价值的行动。

例如,假设我们要去与一个重要的客户沟通,到达客户公司坐电车要30分钟,而坐出租车需要15分钟。一般来说,人们比较容易按照成本来决定自己的行动,那么宣讲当天可能会选择乘坐地铁去客户公司。但是,如果乘坐出租车将花费更少的时间,并且上司和下属在出租车内还可以简单地沟通,也就是说,如果从价值维度思考,选择出租车为出行工具将会带来更大的利益。在这种情况下,通过提高自身单位时间的价值,能够较大幅度提高生产效率。

第6章 读完皮凯蒂教授的《21世纪资本论》，我们能做些什么？

此外，在提高生产效率时，我们可以灵活使用"帕累托法则"。根据帕累托法则，在经济领域，大部分产品是由整体中的一小部分要素创造的，这个理论将"贫富差距"明确化。

例如，对于一个企业来说，"80%的营业额来源于20%的客户""80%的投诉集中于20%的特定客户"等，导致结果的原因并非平均分布，而是存在偏差。

根据帕累托法则，我们80%的工作成果来源于20%的努力。换句话讲，剩下的20%成果却耗费了我们80%的精力。

因此，如果专注于速度，我们就不应该追求100%的完美，而是应该在保证工作质量高于对方期望值的情况下，进入下一个任务，这种想法对于提高生产效率十分有效。当然，认真仔细、完美地完成每一份工作也十分重要，但是一旦影响了生产效率的提高，就应该加以调整，在确保工作质量的基础上，进入下一个任务。

实现自我投资

实际上，有一项风险最小、利润最高的投资，那就是向自己这件资产投资，即继续学习。

皮凯蒂在《21世纪资本论》中如此恰如其分地描述道：

"缩小贫富差距的重要力量，在于普及知识以及为研修与培养技能投资。"

就是说，无论我们身处何种境况，如果能够学到必要的知识，掌握高度专业的技能，即使在贫富差距自然扩大的社会中，也能够脱离底层，走向社会顶层。例如，每月从工资中抽取10%的资金用于自我发展；如果从工资中抽取资金较为困难，由于网络资源中也包含着无限的知识，在网上深入学习所需的知识，也能够促进自身发展。

如果能够继续对自己这份资产进行金钱、时间上的投资，就能够使自身的增长率远远高于平均值，这样一来解决个人的贫富差距问题绝非痴人说梦。

图6-1 个人的贫富差距解决措施

●超过平均增长率

☑ 在经济增长率较高的企业工作

☑ 个人实现较高的经济增长率
1.提高劳动时间的工作效率：时间管理
2.为提高生产效率，选择价值维度与帕累托法则

☑ 自我投资：自我发展

第6章　读完皮凯蒂教授的《21世纪资本论》，我们能做些什么？

不要否定贫富差距，而要在承认贫富差距的基础上活出自己的精彩人生

在前面的内容里，我们探讨了个人解决贫富差距问题的方法，实际上，贫富差距是不可避免的。稍加思考即可明白，世事并非都是公平的。

最重要的应该是心平气和地接受贫富差距。每个人都有自己的人生，每个人都有自己的活法。人生的标准应当是衡量自己能否不去在意他人，实现属于自己的精彩。

不过，有一点很重要，那就是做好适应任何社会的准备。

在当今时代，我们很难依靠国家、公司、他人。如果我们一味随波逐流，那么贫富差距将越来越大，终有一天我们将难以维系生活。

这种观念与供职于一流企业的"人生赢家"也息息相关。如果进入大企业后就安于现状，不再提高自身价值，那么20年、30年之后将会变为企业的负担，可能会突然有一天被企业抛弃。如果仅仅完成被分配的任务，从事只有大企业才能提供的工作，找到下一份工作将会很难，到那时为时已晚。

所以，我们需要时常扪心自问："我理想的生活是什么样的？""怎样才叫活出自己的精彩？"并找到答案，通过自己的行动走近理想中的自己。金钱与资产并不是人生的全部，有时看淡金钱与资产的人生活得更加有活力。

"无知"令人恐惧。如果不能够了解一些重要事实，人生中可能会蒙受巨大损失。

通过皮凯蒂的《21世纪资本论》，我们了解到没有一种机制能够消除经济上的贫富差距。因此，重要的是我们每个人认真地思考贫富差距这个问题，得出答案。

我想，皮凯蒂正是希望从这个角度向社会发问，才有《21世纪资本论》问世的吧？

您想如何应对差距问题呢？

请您一定要认真思考。